Une histoire écrite par

France Lorrain

et illustrée par

André Rivest

Pour les papas !

France

À René, mon père

André

cheval masqué

**Catalogage avant publication de Bibliothèque et Archives nationales d
et Bibliothèque et Archives Canada**

Lorrain, France

Mon père Marco, ma fille Flavie

(Cheval masqué. Au pas)
Pour enfants de 6 à 10 ans.

ISBN 978-2-89579-515-5

I. Rivest, André, 1960- . II. Titre. III. Collection: Cheval masqué. Au pas.

PS8623.O765M663 2013 jC843'.6 C2013-940747-2
PS9623.O765M663 2013

Dépôt légal – Bibliothèque et Archives nationales du Québec, 2013
Bibliothèque et Archives Canada, 2013

Direction: Andrée-Anne Gratton
Révision: Sophie Sainte-Marie
Graphisme: Janou-Ève LeGuerrier

Nous reconnaissons l'aide financière du gouvernement du Canada
par l'entremise du Fonds du livre du Canada (FLC) pour des activités
de développement de notre entreprise.

Conseil des Arts du Canada | Canada Council for the Arts

Bayard Canada Livres inc. remercie le Conseil des Arts du Canada
du soutien accordé à son programme d'édition dans le cadre du Programme
des subventions globales aux éditeurs.

Cet ouvrage a été publié avec le soutien de la SODEC. Gouvernement du Québec –
Programme de crédit d'impôt pour l'édition de livres – Gestion SODEC.

Bayard Canada Livres
4475, rue Frontenac, Montréal (Québec) H2H 2S2
Téléphone : 514 844-2111 ou 1 866 844-2111
edition@bayardcanada.com
bayardlivres.ca

Imprimé au Canada

Offert en version numérique
978-2-89579-909-2
bayardlivres.ca

Mon père Marco

Je l'aime beaucoup, mon père Marco! Sauf...

Quand il m'aide à faire mes devoirs. C'est moi qui dois tout lui expliquer !

Je l'aime, mon papa. Sauf...
Quand il prépare le souper.
Il est si fier de ses talents de chef!
Sauf que... Ça lui prend deux heures chaque fois.

Je l'adore, mon père. Sauf…

Quand il regarde une partie de hockey à la télévision.

Il donne des punitions comme l'arbitre.

Il hurle des instructions comme l'entraîneur.

Il arrête même la rondelle comme le gardien!

Je suis toujours étonnée de le voir s'adresser à la télé !

Je l'aime beaucoup, mon papou d'amour. Sauf…

Quand il vient m'encourager au soccer.

C'est TEEEEEELLEMENT gênant de le voir courir le long du terrain !

Ne lâche pas ta joueuse, ma Flavie!
COOOOURS!
BRAVO! ÇA, C'EST MA FILLE!
Papa, tais-toi, s'il te plaît!

Je l'adore vraiment, mon petit papa Marco. Sauf…

Quand il veut montrer ses talents de plongeur. Il saute du tremplin et il arrose tout le jardin.

Mes amies et moi sommes toutes trempées, sans avoir mis un orteil à l'eau !

Mon papa Marco, c'est le meilleur au monde. Sauf…

Quand il essaie de me faire des tresses. J'ai l'air d'avoir passé la nuit sur la corde à linge.

Je l'adore, mon père. Sauf…

Quand il écoute de la musique de SON temps.

Il gigote dans tous les sens comme un danseur de disco.

C'est loin d'être rigolo !

Je l'aime beaucoup, mon petit papa. Sauf...

Quand il porte son pyjama avec des chiens-saucisses devant mes amis.

Surtout lorsqu'il met aussi les pantoufles assorties.

C'est vraiment embarrassant !

Je l'aime vraiment, mon papa. Sauf...

Quand il prend trop de temps à l'épicerie.

Il parcourt toutes les rangées, l'une après l'autre.

BAS PRIX
?!
RABAIS
Soupe à la réglisse
Sois patiente, Flavie. Je veux profiter de TOUS les soldes!

Parfois, il fait tout dégringoler au bout d'une rangée. Et il ne voit jamais rien !

Je dois alors ramasser les dégâts pendant qu'il continue son chemin.

Ma fille Flavie

Moi, je l'aime très fort, ma petite Flavie ! Sauf…

Quand elle emprunte le maquillage de sa mère.

Sauf…

Quand elle s'occupe de petits animaux à l'ordinateur.

Il n'y a pas moyen de l'arrêter.

Oui, je l'aime, Flavie! Sauf...

Quand elle fait la grève de la douche. Je dois la supplier de se laver.

Je l'adore, ma Flavie, sauf…

Quand nous roulons en voiture. Elle a peur de tout et elle me rend fou!

Oui, je l'aime beaucoup, ma petite Flavie. Sauf…

Quand elle fait semblant d'être malade.

C'est certain qu'elle a frotté ses joues pour les rougir. Je le sais parce que j'étais le champion des maladies inventées !

Dommage pour Flavie : le thermomètre dit toujours la vérité !

Oh oui, je l'aime, Flavie. Sauf...

Quand elle a VRAIMENT le rhume. Je dois la suivre comme le Petit Poucet.

* Je ne peux pas, papa, je suis trop malade !

Moi, je l'aime beaucoup, ma cocotte Flavie. Sauf...

Quand elle trouve mille raisons pour ne pas faire ses tâches dans la maison.

Oui, je l'adore Flavie. Sauf...

Quand elle voit une araignée dans sa chambre.

Elle veut que je sorte tous les meubles. Elle demande que je passe l'aspirateur sur les murs. Elle veut jeter tout ce qui traîne par terre.

Euh... Est-ce que je l'aime, mon papa Marco ?

Euh… Est-ce que je l’aime, ma fille Flavie ?

Oh oui, je l'aime tellement, mon beau papa d'amour. Sans lui, tout serait beeeeaaauuuucooooouuuup moins rigolo. Mais chut ! Ne le lui dis surtout pas, il pourrait devenir trrrrrrèèès sévère et m'obliger à manger tous mes pois verts !

Oui, je l'adore, ma petite Flavie chérie. Sans elle, je serais un papa beeeeaaauuuucooooouuuup trop sérieux. Mais chut! Ne le lui dis surtout pas, elle pourrait en profiter pour me demander un nouvel animal de compagnie!

FIN

Voici les livres AU PAS de la collection :

- ☐ **Casse-toi la tête, Élisabeth !** de Sonia Sarfati et Fil et Julie
- ☐ **Konggg !** de Sylvain Charbonneau et Pishier
- ☐ **La bataille au sommet**
- ☐ **La bataille d'oreillers**
- ☐ **La grande bataille** de Katia Canciani et Julie Deschênes
- ☐ **La bataille des plaines** de Katia Canciani et Mathieu Benoit
- ☐ **La famille Machin-Chouette à la maison**
- ☐ **La famille Machin-Chouette en forêt**
- ☐ **La famille Machin-Chouette en ville** de Paule Brière et Rémy Simard
- ☐ **La soupe de grand-papa**
- ☐ **La télévision de grand-papa**
- ☐ **Le livre de grand-papa**
- ☐ **Un quêteux chez grand-papa** de Francine Labrie et Marc Mongeau
- ☐ **Le chat de madame Sonia** de Marie Christine Hendrickx et Louise Catherine Bergeron
- ☐ **Le monstre de Chambouleville** de Louise Tidd et Philippe Germain
- ☐ **Le père Noël a la varicelle** d'Andrée-Anne Gratton et Benoît Laverdière
- ☐ **Le roi Gédéon** de Pierrette Dubé et Raymond
- ☐ **Ma grand-mère Gaby — Ma petite-fille Flavie**
- ☐ **Mon frère Théo — Ma sœur**
- ☑ **Mon père Marco — Ma fille**
- ☐ **Mon prof Marcel — Mon élè** de France Lorrain et André Riv
- ☐ **Mange ta soupe, Marlou !** de Marie Christine Hendrickx et Julie Cossette
- ☐ **Marie-Ève, chasseuse de rê** de Sonia Sarfati et Lou Victor K
- ☐ **Où est Tat Tsang ?** de Nathalie Ferraris et Jean Mor
- ☐ **Plus vite, Bruno !** de Robert Soulières et Benoît Lav
- ☐ **Qui a volé le bâton de hockey** de Sharon Jennings et Jean Mori
- ☐ **Un crapaud sur la tête** de Stéphanie Déziel et Geneviève Després
- ☐ **Une histoire de pêche looooooooongue comme ça !** de Robert Soulières et Paul Roux

Lesquels as-tu lus ? ☑